Pensamientos

Pensamientos

Susan Smith Nash

*t*P
Texture Press
2016

Copyright © 2016 Susan Smith Nash

Todos los derechos reservados.

Publicado en los Estados Unidos de América
por
Texture Press
1108 Westbrooke Terrace
Norman, OK 73072
www.texturepress.org

ISBN-13: 978-1-945784-01-9
ISBN-10: 1-945-78401-6

Dedicación:
Miguel Hermosillo

Índice

POEMAS

Para empezar....	13
La toronja	14
A las 4 de la mañana	15
La luz de tus ojos	16
En la media oscuridad	17
La cueva del murciélago	19
Trueno a la distancia	20
Caldo de pescado	21
El hibisco	22
La pesca peligrosa	23
El rancho encantado	25
Bailando por la calle	27
El manantial	29
El jardín	30
La nitidez	31
Ascendiendo	32
Noche de santo	34
Un cuarto: con ventana, cortinas, brisa	36
El platanal	38

Hojas en la lluvia	40
El memorial	41
El triunfo	43
La neblina	46
Manchas	49
La gran circulo que es la memoria	50
Una invitacion a la muerte	51
Tras mi portal	53
Noche de gracias	56
Paleo-pulga	57
Nadar en un lago	59
Cantos del gallo	64
Dulce desorden	75
El beisbol	77
Alas, espejos, aguas	78
El amor de doble filo	80
Mundo perdido	81
Una canción que no reconozco	83
Vida sin fin	84
Bésame y dime	86
Los tiempos del amor, no. 1	87
Los tiempos del amor, no. 2	89
Los tiempos del amor, no. 3	91
Los tiempos del amor, no. 4	93
Reparaciones	94

Sandalias	96
Nadar en la playa de los muertos	97
La Telepatía	99
La Música de la Marea	102
Iguana en el arbol	103
La filosofia arquitectonica: en el rancho	105
El olor de cempasuchitles	107
El caballo muerto	109
Canto del gallo condenado	111
Mojitos en la playa	113
La hamaca y el oso mayor	114
Por la luz de las estrellas	116
El rincon de los guayabitos	117
Desde el techo	119
La llovisna	121
El partido	123
La fortaleza	125
Inhalaciones, o, la capacidad negativa	127
La bandera	128
Telaraña de cristal	130
Las malezas	131
En la hora del hechizo	132
Cinco	133
El jardin a medianoche	135
La carrera de chihuahuas	137

Mis escombros 139
Caminando por el río 140
Amado Nervo 141

EXPERIMENTOS EN PROSA

Un desorden esplendido 145
En los arboles 146
Y si, estoy hablando de ti 148
Mi mejor amigo 149
Me llamaste, te conteste 150
Entrando tu sombra 151
Infusión de canela 152
Un taj mahal construido de cubos de azucar 153
Charros magicos 154
Compostela 156

POEMAS

Para empezar...

Una noche cálida, con una brisa húmeda
    que se niega a ofrecer alivio....

Es necesario hacer una pausa por un momento
    Contemplar el pasado y el presente
        y tratar de explicar mis sentimientos...

La toronja

Caída en la césped
piel manchada, livianamente dañada
una cáscara gruesa y protegedora
con ternura encontramos
la fruta interior
pequeña, delicada
pero con sabor tan dulce-amargo
que desde ahora en adelante
imborrablemente puesto
en la boca, la memoria
la infinitud

A las 4 de la mañana

Relámpagos, viento, lluvia
    cortinas estremeciéndose en
    en la llegada del fin
las lágrimas sí se cayeron
    en un trayectorio paralelo
y para no pensar en que nos pasaría
    por la mañana
me ahogué en el trueno
               tus brazos
                    y el sueño

La luz de tus ojos

La fuerte luz del día
Me pone medio desesperada
  con la esperanza
  quemada hasta cenizas
excepto si
estoy aquí contigo
la luz es una liviana tapa de miel
   sobre un cuerpo nuevamente liberado
   y un mundo nuevamente reintegrado

En la media oscuridad

En la cocina, el comedor, la oficina
       el pasillo
Tú dejas de tener una sombra
Y yo también la pierdo
          la sombra interior

La cueva del murciélago

Antes, lo consideré demasiado
    peligroso entrar

Este hogar del pequeño ser
    de pelo suave
    y un deseo despejado
    de volar a los límites del recuerdo…

Una vez, lo ví como imposible
    volar con alas de piel
    y una mente
        condenada de ser
            ni ángel
            ni ave

Pero me tocaste en las tinieblas
    de mi propio olvido

y entré la apertura de un sueño
    de donde ando volando
        en el eterno fin

Trueno a la distancia

Hay ahora un trueno a la distancia
un éco débil de la noche juntos
con fuego, fiebre
              una furiosa pasión

y mi vida ahora
tan imbécil sin ti
te busco, te encuentro
te busco de más
              en todo, todo, todo
                  pero sobretodo

en el trueno a la distancia

Caldo de pescado

en este pequeño restaurante cerca del centro
contigo tomé un caldo
        preparado por brujos del amor
                o si no, simplemente por tu brujería

ay qué vértigo
        qué maréas
                qué amor

y cuando no estás
        qué nocia tu ausencia

necesito la agua del manantial
        de donde vives tú

                y las cristilinas gotas de vida
                      lágrimas quizás
                              salpicadas a mi corazón

El hibisco

Un hibisco del color de la esperanza
  con gotas en su piel
  me hizo pensar
      en la frágil flor
         el recuerdo

y cómo miramos el pasado, el futuro, y el presente

El tiempo es lineal
pero la memoria es circular

con el tiempo calculamos
      causa y efecto
pero con la memoria nos doblamos
     otra y otra y otra vez

para que estés conmigo
     otra vez y para siempre
         como un mito vivo del retorno eterno
            o una religión en que se figura
               la reincarnación
                   o la trasmigración de almas

o puede ser que simplemente estás
     aquí conmigo otra vez
tu piel tocando la mía
como las delicadas petales
     del hibisco
        y las gotas
           los espejos en líquido
              de nuestros corazones

La pesca peligrosa

Lo hice.
No sé cuándo se me ocurrió hacerlo,
    y menos por qué –

Sólo que me llamaron
los monstruosos peces del turbio sino cauteloso río,
    con sus huecos en el fondo
        disfrazados por una lisa superficie
            adiamantada por el juego
                entre las rayas del sol y el agua—

Las aguas y los peces del río
    turgentes con su conocimiento
        de los secretos de la deposición de arena—
            las lluvias silenciosas
                de partículos
                de plantas, de piedras—

La erosion resulta en la redeposición
    contínua
        de materias de la vida, y en su torno
        que alimentan la muerte
    o sí bien, la expresión
    en puro músculo y hambre
que responde—
    no puede **no** responder—

a la efervescente burla mía
cuando entro su territorio
    mis risas de pura adrenalina
    mil burbujas en miniatura
        mis gestos

                un sinsentido drama

excepto que el pez
          me puede ahogar

Pero en la parte más penumbral –
      es decir, la penumbra
              de mi imaginación

Yo era el río, o, por lo menos,
la tierra que se erosionaba
                Sincronizándose
        al gran juego de luz y la muerte
un eco invertido
        de la civilización
        y sus recorridos—

Cuando el gigante surubí
Se me tragó el brazo—y se me tumbé
                        en su hogar

El rancho encantado

Cuando abriste el portón
Me admitiste a una dimensión aparte
       de ladrillos
             de azulejos
                   de pasiones
                         intercalados

para renunciar la vida,
o, es más preciso—
       el simple rendimiento nuestro
            en camino hacia lo trascendental
       en forma de
            un elote
            un higo en la higuera
            y una rosa amarilla

y sí renunciarse para dejar atrás
       mis egoistas conceptos de lo que es la naturaleza
       y sustituirlos por la realidad
            del amor
                  del sudor
                       del rubor
                            del morador

del este territorio del Pastor

Bailando por la calle

La música suena
        como el color de trajes de magos
        lavanda, naranjado, azul …
        colores fuertes
            y nada regular

                los musicantes…

y a mi lado
        una trompeta explota
        el aire grita
            con abandono

                yo, me miro

tiritándome
        pausando, al borde de un gran salto
        a un territorio nuevo
            del sudor
            del caós
            de ojos mojados
                    por lágrimas de la alegría

                tú y yo

bailamos
se me envueltan
        todos los colores
        tus manos
        tus brazos

hasta el amanecer
    de un dulce futuro

El manantial

el eterno renascimiento
        de la pureza
        de la esperanza
        del impulso hacerse mejorar…

vi el pasaje del tiempo
en la moda de las generaciones

sino no en el agua misma
        o en el idealismo
                de un pueblo
                nacido en las alturas del conocimiento
                y el oxígeno
                        de estar un poco más cerca del sol

y así ser nacidos exaltados
                          bendecidos

El jardín

un viento frío y fuerte del norte

    hizo hincar la rodilla
        al solo rosal
            en mi jardín

y cuando yo quería ensamblar flores
    para un ramo
        para darme coraje
            en los días nublados por el conocimiento
                de la soledad infinita de la existencia

solo salieron una tímida colección de espinas
        y un desaliento
            incrustado por el mismo viento

pero un día se cambió la brisa

y el viento me llegó desde el cálido sur
      donde las brisas vienen livianas y húmedas
        del amor y la esperanza

y de repente apareció una nueva flor
        en mi antes-intocable vida

y se ve que ya es algo insólito y vivo

    un nuevo capullo
        en mi jardín

La nitidez

un amanecer
        pulcro
                espléndido

después de dos días de diluvios
                            depurantes

lo ví en los cielos
        y en la planicie
                donde nací

el destino escrito
        en tonos y colores
                gloriosos

                            del amor

Ascendiendo

Nos toca prender los fuegos artificiales
      en esta noche del santo patrono
          de un pueblo pegado a su constelación de estrellas

ascendemos los andamios
      para la expulsión
          de pensamientos, memorias, imágines mentales
              guardados por toda una vida

agarramos el esqueleto para subir
      los brazos, costillas, manos de acero
          fríos sino cálidos después
              cuando se conectan con los nuestros

con dedos temblando
      fósforos cayéndose al aire libre
          en la cumbre de nuestra estructura tan frágil

              haces la conexión y ¡éxito! empieza el "show"
              la muchedumbre grita el son de ángeles terrestres

              pero con ojos ajenos
                  lagrimados por lo inefable
                      lo observo yo

quizás los fuegos artificiales nos vienen del futuro
      sus chispas las miles y miles
          de memorias destinadas a pasar

o por lo menos formar un mosaíco vivo
        de la luz que nos enseña
                del potencial nuestro
                        sin límite en este territorio
                              de fuego y aire

Noche de santo

Primero, la lluvia de chispas
        y después, partículos de luz

puntos ardientes
        puestos en la piel
                donde sí se nos queman
                      como todas las cuestiones
                              ¿cómo?
                              ¿hasta cuándo?
                              ¿quién soy ahora?

desde los cielos o simplemente del techo
        de la antigua capilla
                donde trabajan las sombras
                        de la historia y las generaciones tuyas

otra cáscada de chispas
        esta vez pesada
                con humo y estrellas caidas

un bautismo de fuego
        la forma jamás esperada

en un mundo donde somos todos
        compuestos del polvo celestial

        estoy aquí en la tierra contigo
                con sangre ardiéndome
                con el conocimiento

    de repente
            amedrentador

                    del poder
                    del amor

Un cuarto: con ventana, cortinas, brisa

Dónde estamos, no sé—
    ni el pasado, ni el futuro
        tiene dimensión o forma

    e inventamos las maneras de medir
        el avance de una vida
            por número de amaneceres
                por cantidad de lluvias
                    por la severidad de las sequías
                        por los momentos pasados en tus brazos

Ahora veo
    cortinas volando con la brisa
        una venta abierta a la experiencia

Te perdí
    en el olvido
    en el instantáneo silencio
        de la espera

Dónde estoy, no sé
    no comprendo las dimensiones
        del recuerdo

        sólo que eres una presencia
            en la brisa que lleva la cortina
                que llena el cuarto de pureza

El platanal

Hojas de la mañana
>	hojas de la noche
>>	sus susurros, sus palabras
>>>	la historia en un idioma
>>>>	del calor, de la humedad, de sombras

Hojas puestas para
>	envolver mi corazón
>	proteger mis esperanzas
>	evitar la lluvia de momentos perdidos

Hojas empresas con patrones de sombra y sol
>	la caligrafía de un día y una noche
>	un rollo de pergamino tropical
>	el testamento de un jardín primordial
>	y lo que nos pasará
>>	todo escrito en la hoja
>>	por luz, sombra, y siempre-variables tonos de verde

>	pero todo en un idioma indiscernible

Hablábamos mucho esa tarde
>	ya no me acuerdo de los detalles
>	o de las promesas o las ilusiones
>>	sólo me acuerdo la bella intercalación de luz y sombra
>>	el idioma de la eterna fecundidad

>>	que escuchamos
>>>	pero no hablamos
>>>>	ni comprendemos

excepto la parte

en que nos sentimos
        al borde de un gran despertar

Hojas en la lluvia

Mojadas, pesadas
 salpicadas por las gotas
  del otoño

Te busco
 entre los árboles
  y los jardines
   angustiados

  por la rápida llegada del intenso frío

  y la triste realidad
   que el cuerpo falla
   y el hielo causa hasta el más alto roble
    quebrarse sus brazos

Ayer, tu hermano despertó
 después de 10 días
  de un silencioso descanso

   en que sólo se escuchaba
    la caída de las hojas
    en charcos oscuros

y hablábamos hoy
 con el otoño y sus compañeros
  el cambio
   y el frío

El memorial

Una tarde de sol y una tierna brisa
    las risotadas de niños en un parque
        bellotas rodando
            en la sombra de robles
                nacidos en los primeros años de esta ciudad

Anduvimos por la calle
    platicando de la temporada
        de fiestas
           y del amor

de repente
    un remolino
        lleno de humo, cenizas
            y los sollozos de madres
            buscando el gran "¿por qué?"
                imposible de contestar

y una voz en mis oídos

    "no hurgues en mis cosas
    sin que te me acerques
    con respeto, con sinceridad"

Observé que hasta los robles se silenciaron
    para dejar que el remolino traiga los susurros de la historia

        primero la violencia necia
        segundo, el impulso de llorar sin parar
        y finalmente, la tierra y los cielos que purifican

Una tarde de remolinos incessantes
    las bellotas dispersando
            presagios de vidas y una ciudad
                  nacidas de tragedia

El triunfo

O símbolo de consustancialidad o vector de la peste
está ella, detrás de toda vida y todo arte
insistiendo en su presencia

la pulga

Me enviaste un postal del cuadro de Pieter Brueghel
con tu dedicatorio, "quiero tenerte conmigo"
escrito encima del título, "El Triunfo de la muerte"
y contemplo la pintura, tus palabras, y las noticias de hoy...

la pulga

con piernas delgadas y un cuerpo deformado, hinchado
una mujer vestida de visón
maneja su Cadillac de rubíes y sangre
sus labios babean de ambición
sus dedos con uñas pintadas agarran el mapa
de una cosmología mil veces condenada

la carretera en que anda deja sus cicatrices en el mapa
como brazos, piernas tirados a un foso abierto
los cuerpos sin identificación, o un mandato
"NO RESUSCITAR"...

la mujer entra la carretera al Arizona de la memoria
de los postales de los años 50
hacia el Bosque Petrificado y el Desierto Pintado
con pieles de su deseo de conquistar el mundo
decorando su cuello, y la memoria de su marido difunto
y susurros de "te quiero" mezclando con la canción de niños
"Ring Around the Rosy" y "todos caímos muertos"...

canción de la peste
canción del deseo...

el viento está caliente
la vía está ancha
y ella se acelera, *rattus rattus* pellizcando su consciencia
monedas, billetes, pesos de ocho coagulándose
como si fuera posible que montones inertos de la plata
exterminaran el impulso primordial

la mujer mira sus uñas
las manos rojas, sangradas que rutilan
"límpiame, límpiame, límpiame" grita ella
pero esá demasiado tarde

está la pulga

el imperativo del comportamiento
exige que ella sea un vector para trasmitir
el conocimiento que todos somos infectados por mortalidad
nos toca a todos quedarnos seres humanos
con nuestros sueños y deseos de viajar
que se extinguen demasiado temprano

Tengo tu postal en mi mano
"Gracias por el postal"

y te dedico una tarjeta también,
ésta con dibujos de conejos en un pasto fértil

Mañana estarás de vuelta
de sus viajes a territorios desconocidos
para establecer una nueva vida
transformarnos a ángeles
hasta arcángeles espléndidos de rango alto
de vidas eternas en la gloria

pero ya conozco demasiado bien
el vehículo del olvido y su conductora

porque soy yo

andando a alta velocidad
al Bosque Petrificado
ya mordida múltiples veces por la pulga

condenada
        a dormir sin soñar
        y soñar sin dormir

La neblina

Era la mañana
  y se sonaba el molino del café
    se olía su aroma:

      un día soleado

pero yo desperté
  en la neblina de mi destino
    densa
      indeterminable
        imborrable

cada día, cada año
  viajo en las calles y aceras frías
    mojadas
      resbaladizas
        invariables

en busca de la forma
  del significado de una vida
    en que finjo la alegría por día
      y vivo mis pesadillas por noche

La neblina es mi compañera muy bienvenida
  se ablanda un poco
    los monstruos de mi imaginación

y cuando queman la neblina
  el sol, los vientos de cambio, y los años

veo unas lágrimas mías
  caídas en la mesa

       donde trabajo con ideas, filosofías y libros

Necesito a mi compañera
    que me protege de los seres y sombras
        que si fueran visibles
           mi mente los analisaría
              implacablemente
                  impenitentemente

hasta que yo caiga en las mismas calles
    mojadas por el mismo destino
            denso, frío, imposible de descubrir

Manchas

Tú y yo—
        tan esplendidamente manchados
                aunque no tenemos idea
                      del por qué
                          dónde
                                  o cuándo

Sólo que la palabra misma
        se quebra
                en un millón de fragmentos
                      de pura alegría
                            cuando me sonríes
                                cuando tus ojos alegres
                                    me miran a mí
                              cuando tus labios
                                  se me acercan

Esta noche
        las nubes ponen el cielo en gris
        que bello disfraz

Mientras nos quita
        el nuestro

y con todas las imperfecciones tan gloriosas

        manchas
                para asegurarnos
                que realmente vivimos

La gran círculo que es la memoria

Tú eres mi refugio—
　　　　antes de conocerte
　　　　　　　los años me agobiaron

¿Dónde estás esta noche?
　　　　con tantas estrellas negras
　　　　　　　salpicadas en los cielos
　　　　　　　　　de mi eterno presente

Te necesito
　　　　mi oxígeno
　　　　　　　mi fierro
　　　　　　　　　mi sangre

a ahora que estás tan lejos
　　　　y me rodean tonterías
　　　　　　　voces que no son tuyas

guardo los écoes de tu voz
　　　　la memoria
　　　　　　　un círculo
　　　　　　　　　un milagro
　　　　　　　　　　de energia

una sonrisa
　　　　desapareciéndose
　　　　　　　en el pasaje del tiempo

　　　　　　　　　hasta el momento
　　　　　　　　　　que me dés tu mano

Una invitacion a la muerte

Me invitaste a ver la muerte
    seis veces esta tarde

La muerte: abierta, expuesta
    aquí se quita todos sus disfraces
        y está aquí con nosotros
            sudando bajo el sol
                gozando de las fiestas del pueblo

La primera muerte de la tarde
    llegó con pausas y hesitaciones
        como si demostrara
            que sea inescapable
                su último hado

        y el otro desenlace inescapable
            la entrada de sus compañeros
                el pavor
                    el dolor
                        el rubor

Y la muerte misma
    ¿Cómo la describirimos?

Una vez figurada en su propio scenario
    Se convirtió a una dama demasiado exigente
        instisticndo en bailar con la imaginación
            atarse permanentemente en la consciencia

y yo, después de verla
    traté de seguirla
        y me llevó a un sendero intricado

              hacia un sol extinguido donde suele vivir

y se burló de me, la muerte
     por mi coraje
          por mi deseo de poner mi mano en su pecho
               y tocar su congelado corazón una vez y por fin

Ella se rió de mí
     de su poder
          de sus miles de caras
               todas para disfrazar el hecho
                    que es en realidad cobarde

La metafísica del destino
     nos hizo rápido y hábil en inventar
          nuestro propia historia en que figura la muerte
               como compañero invitado a una fiesta de luces

Pero me invitaste
     a la muere esta tarde
          a mirar la certeza
              de la belleza
                   de lo inevitable
                   o es decir
                        como la enfrentas tú

Tras mi portal

I

No dejo que entren los demás
    No dejo que me miren
        No dejo que aún piensen

            en lo que es mío
            en lo que constituye mi ser
            en lo que realmente soy

Libreros, libros, librerías
    así me defino
        así me refugio a mí

            Caballero de la Cruz Roja, Redcrosse
                Rescátame
            Caballero de la Cruz Blanco, Archimago
                Recházame

Vivo una realidad
    en que ya está demasiado tarde

        Te dejé entrar

II

Cuando me ves desde la calle
> soy más o menos invisible
>> tú ya lo sabes

Cuando me ves desde la acera
> las vibraciones nos comunican
>> me diste vida
>> me diste sudor, saliva
>>> y todas las inseguridades de una vida

Mis libros se cayeron de sus libreros
Los anticuarios que forman pilares de mi conocimiento
> la epistemología de la libertad intelectual
y se abren a capítulos que tienen que ser experimentados
> antes de ser leídos

Salí entonces de mi casa
> y ahora camino
>> ando, andaré
>>> tras calles de polvo y lodo

Te busco
> me dedicaré a tí
>> aunque todavía no sé qué significará

Sólo que sangro
> sangro
>> para sangrar

Sin cesar
> una vez entrado tú en mi hogar

Noche de gracias

Un salpicón de agua
    cada gota brillando
        en las luces de Navidad
           y la esperanza nuestra

    esmeraldas
        zafiros
           topacios
              rubíes

quietos en el aire
    más allá del límite del agua
        de la orilla
           de toda carne

con suerte
    y buenos reflejos
        captamos la imagen en nuestras cámeras

con palabras del alma
    y buena fé
        captamos el concepto
           del tesoro del momento

y el salpicón de agua
    que puede regar los sueños
        y nuestra compartida
        idea de la belleza
        y filosofía de la vida
           para siempre

Paleo-pulga

símbolo de la consustancialidad o vector de la peste; el "Triunfo de la Muerte" de Pieter Bruegel y aquí una pierna flaca y lleno de bultos, un cuerpo encorvado vestido de visón; veo una mujer de duros labios goteando un Cadillac rojo en el cosmos, esta carretera contiene cicatrices como brazos, piernas echadas en tumba abierta, sin marcar por etiquetas o de derecha a morir, la pieles de su necesidad de conquistar cuelgue de su cuello, la memoria de su difunto marido; ella susurrando "Te amo" en el teléfono de la princesa, el viento silbando "Ring Around the Rosy" de 60 mph a través de Arizona Bosque Petrificado u otra Desierto Pintado - rattus rattus pellizcando traseros; aquí monedas de cinco, diez, y cuartos coagulan en lavandería como si montículos inertes de dinero pudieran exterminar el impulso y los imperativos de comportamiento; Lavar, lavar la mancha de la pulga y la humanidad y luego llevarlo untada en carne como un sueño de ojos abiertos o el desgraciado Yorick reflejado en los ojos de Hamlet.

PALEO-FLEA
(1994 original from LIQUID BABYLON)

symbol of consubstantiality or vector of plague; Pieter Bruegel's *Triumph of Death* in skinny leg & lumpy hunched body—woman wearing mink stole & lips drives Cadillac dripping red into cosmos, this highway scars like arms, legs flung into open grave, unmarked by tags or right-to-die, the skins of her need to conquer drape her neck,

memory of her late husband & she whispering "I love you" into princess phone, wind whistling "Ring Around the Rosy" 60-mph through Arizona Petrified Forest or another Painted Desert—rattus rattus
nipping hindquarters; here nickels, dimes, quarters coagulate in laundromat as if inert mounds of money could exterminate urge & behavioral imperative; Wash, wash the stain of flea & humanity & then wear it smeared on flesh like waking dream or Yorick reflected in Hamlet's eyes.

Nadar en un lago

La técnica es diferente.
Entras en el agua vacilantemente,
tratando de no resbalar en las rocas ,
y sientes el deslizamiento de barro entre los dedos,
      el lodo y el limo
              se aferra a tus pies
                      sanguijuelas
                                se pegan a tus tobillos.

Entras y enfrentas el líquido
        tan amarillento y fresco,
más denso que el agua de la alberca
más clara que el líquido que corre en
                tu corazón,
                      tu vientre,
                          tu cara

y mientras que respiras
el oxígeno surge tras tus venas
y te imaginas los peces que nadan
        juntos
                paralelos
                      y en aguas más profundas

cada capa de agua
            más fría y
                más oscura

                como la memoria

La superficie de este lago
        noroeste de San Petersburgo

                    al lado de la frontera de Finlandia

está todavía caliente y brillante
para entrar, tuviste que cruzar
un bosque encantado
          el suelo
                    una alfombra de setas y helechos

Como todos los lagos
las capas del agua
          cambian todo

una capa más profunda
          más oscura y fría
estas ahora en un lago del noreste de Vermont
donde nadaba acompanada por el sonido de
          radio quebequense
                    barcos ruidosos
                              pilotados por adolescentes
                    todo para hacerte recorder de tus dias de nina
                    nadando en aguas del despierto

otra capa aún más profunda
          una superficie turbulenta y peligrosa
                    por vientos de cambio
                              y de amigos perdidos
estabas nadando en un arroyo ahogado
          en Arizona donde las arenas
          lucieron en el sol manchas de sangre

                    el viento estaba implacable
                              olas de agua el mismo color de sangre diluida
                              diste una vuelta para respirar
                                        y sólo habia agua
                    la geología de este lugar
                              inundada

           como la experiencia

aprendiste todo de tu padre
      pero ahora sus los mapas se desvanecen
          en su mesa de dibujo
                su luz ya está parpadea e incierta

y sigues buscando lagos para nadar
      este más profundo, los peces son más grandes
      las imágenes masivas , oscuras y mal definidas—
      una noche de luna en Tunkhannock, Pennsylvania—

insistes en nadar sola a pesar de la oscuridad
      a pesar de tus compañeros

pero para ti, todo esta bien,
el lago parcialmente iluminado
      por las luces que flanquean la costa ,
          y por las estrellas reflejadas en el agua
          cada punto de luz
                o una sonrisa o una lagrima
                ya no tienes idea

y el ultimo lago
      no fue como los otros
      el agua estaba casi negra
      la frialdad extendio hasta la superficie

y tu, tu no estabas sola
te acompano tu amiga, Jane,
      que te llevo a este lago en la Sierra Nevada
      nombrado Donner por un grupo condenado

Jane, como el sol ese dia
Se lucio delgada y radiante
      sólo un año antes de la esquizofrenia

            tomaria sus noches y sus días,
y entrarian las terribles dragones
      con sus lenguas de fuego
            y sus palabras rabiosas

pero esa tarde tu y Jane
      solamente sabian que el agua estaba muy fria
      y que seres nadaban en las capas mas profundas
           que no se revelaron

y cuando despidiste tu amiga, esa bella tarde
      un lago rodeado de Ponderosas
          Jane te abrazo, su piel lisa, palida, mojada
              y no quisiste dejar el pequeno embarcadero
            de madera deshecha por la turbulencia
                porque, por lo menos, estuvieron seguras
                si solo por un momento
                  y por ultima vez

y ahora, anos mas tarde
te das cuenta que
hay mas lagos para nadar
      hay mas capas mas frias
          mas profundas

Pero hoy prefieres nadar en el cloro
          bajo las luces artificiales

Cantos del gallo

Canto 1: El Canto de Veinticuatro

¡Veinticuatro! ¡Veinticuatro!

Son las 3 de la mañana
       en la barriga de la noche
            grito mi nombre
                 ¡Veinticuatro! ¡Veinticuatro!

Sé que me consideras
           ronca de voz
               innecesariamente feroz

Pero son 24 las horas que tengo
      para vivir, para morir
         para salir, para reir
        para ir
             cantando
                    ¡soy yo! ¡soy yo! ¡soy yo!

                              ii

VEINTICUATRO !!

Canto 2: Un Susurro Militar

¡Veinticuatro! ¡Veinticuatro!

    Canto, canto, y no me puedo frenar
        soy trompeta de la madrugada
            que suena cuando la aurora llena el cielo
                del rojo espejo de la vida
                      y el viento me susurra

                      ¡muchachos! busquen su destino
                      el sacrificio les ennoblece
                          el sacrificio les fortalece
                            les establece
                                en la historia
                                  en la gloria

El destino me asestó en esta vida
        trompadas a mis sueños
            navajadas a mi deseo
                de esculpirme una identidad
                    de cara dulce
                          y suspiros tiernos

y sí ahora estoy realizando quién soy
    amenazando la madrugada
        con puños y una boca que nadie puede cerrar

            qué feo, qué feo
                llegué a ser

¿a quién suplico?

¡Veinticuatro! ¡Veinticuatro!

Canto 3: Romancero Pollero

La jaula es mi pauta
      que me guía en este camino tan extraño
           al agujero que es mi futuro

Pero ahora te espero
      dando saltitos
           con tu jarabe tan dulce
                hoy de fresas y miel
                    mañana de palo

Te agradezco mi caja
      del oro del último sol de nuestro universo
           y es mi islita donde aprendí a hablar
                de los prósperos libros tuyos
                    Calibaneándome si aún pudiera
                        apostándome mi propia sangre
                            soy tuyo, tuyo, tuyo

Hasta que vengan las 3 de la mañana
      con su hedor existencial
           piel, plumas, huesos, aserrín
                monedas caídas en el piso

                    y yo digo que NO

¡Soy Veinticuatro!

      ¡¡VEINTICUATRO!!

Canto 4: Cómo Empezó

    Me seduciste
            en la narcótica luz
                    de la luna llena

    Nací en esta tierra desnuda
            para comer, bailar, cantar
                  con mis plumas altivas
                        arrogantes
                              seguras en su belleza

    Me caí en esta tierra desnuda
            para luchar, cantar, rascar
                  las semillas y mi comida
                        mis plumitas esparcidas al volar….

    A la locura de la luz
            de la luna llena

Canto 5: La Pelea

¡a la brecha
      ¡a la brecha!

Batallo hasta la muerte
      instrumento de tu ambición

          yo sólo quería amar al que me dió hogar

Pero aquí estoy
      libre por fin en el húmedo aire del cuadrilátero
          enfrentado a un pequeñito hermanito

En sus ojos veo
      mi sombra
          mi doble
              mi verdadero ser

Hermanito, no me mires
      con tus ojos tan como los míos
          mi prójimo, o mi prójimo
              yo prefiero que se me sacrifique
                  mil veces y mil años antes que a ti

¿Ay pero qué opción tengo?
      Me gritas de tu puesto al lado del cuadrilátero

¡a la brecha
      ¡a la brecha!

          yo sólo quería amar al que me dió hogar

Canto 6: Soy Cenizas

Soy cenizas, mi amor
 ¡soy cenizas!

  Tú me ves victorioso
   bello y belicoso
    mis huesos expuestos
     mi vida coagulada en mis galas

Soy cenizas, mi amor
 ¡soy cenizas!

  Con una pierna, bailo
   con la otra, salto al olvido

    ¡al humo, mi amor, al humo!

Mil cigarros me rodean
 gritos y el sonido de la plata
  chasqueando
   ya gastada
    ya estrujada
     ya disparada

y ahora mi amor
 ¡soy cenizas!

  vuelo sin alas
   en mi violento viento existencial

  hacia un río sin nombre
   sin barco para llevarme
    sin mitos para proporcionarme confort
     cuando se me acerca la clausura

                                    tan victoriosa
                                        tan ignominiosa

soy cenizas, mi amor
    ¡soy cenizas!

Canto 7: Volando

Son las 3 de la mañana
       en la cenizas de la noche
              escúchame, mi amor
                      mi canto degollado

    ¡fui yo!
        ¡fui yo!
            ¡fui yo!

                          ¡¡ VEINTICUATRO !!

Una nota de explicación:

Había muchos gallos, gallinas y otra ruidosa evidencia del impulso empresarial y
agropecuarial en la vecindad.

Pero, no había nada que comparó al ruido realizado por un gallo, un verdadero gallón gigantesco, que, a las 3 de la mañana, comenzó a cantar, es decir, entró en una erupción de gritos escalofriantes.

Su canto fue tan torcido, tan amedrentador... y lo más raro de todo era que parecía que estaba hablando palabras en español... VEINTICUATRO!! VEINTICUATRO!!

Por su volumen y la aparente agonía del cantante, yo opiné que alguién le estaba inyectando de esteroides y peor...

Y, después de enterarme de que la desgraciada criatura vivía en una jaula el tamaño de una pequeña caja, y que seguramente, algún día, su destino sería pelear ...

Yo empezaba a reflexionar...

Notas para el texto—alusiones—

Ezra Pound—Pisan Cantos (started in 1945 on a sheet of toilet paper while he was in prison in Italy); partly about being incarcerated and protesting the system

Shakespeare—The Tempest & Caliban and his master, Prospero:

> You taught me language; and my profit on't
> Is, I know how to curse. The red plague rid you...

Shakespeare – Henry V, King Henry to his troops – involves issues of sacrifice and heroism:

> Once more unto the breach, dear friends, once more;
> Or close the wall up with our English dead.
> In peace there's nothing so becomes a man
> As modest stillness and humility;
> But when the blast of war blows in our ears,
> Then imitate the action of the tiger…

Henry The Fifth, Act 3, scene 1, 1–6

Garcia Lorca—Romancero Gitano (involves a discussion of the moon—all about intensity of self-expression)

Dulce desorden

Wovon man nicht sprechen kann, darüber muss man schweigen.
[About which we cannot speak, we must consign to silence.]
—Wittgenstein

Entré en un dulce desorden
    el jacarandá pesado, ancho
        cargado de miles y miles de flores

    perros de razas indeterminables
        aullando
            peleando
                apareándose
                    dientes brillando, y saliva
                        derramada en sus musculosos cuellos

Entré en un caluroso caos
    la calle una ciénega
        de lodo
            de hoyos
                de fosos
                    agua corriendo
                        tras los ríos del deseo

Entré en la fecunda imaginación
    donde nacen mis sueños
        y la necesidad de entender la vida
            así como es—dulce e impenetrable

y mis pensamientos entran al gran flujo
    de aguas, de sonidos, de olor de hierbas
        y estoy perdida en la sensación, la confusión

de saber que vivimos en un mundo
      de palabras vacías
           lenguaje inadecuado
                  para definir lo que es la vida

pero a punto de desesperar
      apareciste tú, y de lo que no podemos hablar
           por la inadecuacía del lenguaje

nosotros, juntos, relegamos
      al desorden
           tan dulce
                de este mundo fecundo

El beisbol

Con su cuerpo
        la dinámica del deseo
                la pelota volando
                      acelerándose
                              puro fuego

el olor de plumas quemadas
        la entrega de mi corazón
                200 millas por hora

        el impacto
                me catapultó a ser
                              mujer

la desgracia
        del delirio de quererte tanto
                del aplastado pasado
                      y el futuro
                              definido por el sonido
                                    producido
                                          por el impacto inicial

            contacto
                    madera en cuero
                    que se llama

                        "el beso"

26 junio 2015
Norman, Oklahoma

Alas, espejos, aguas

Una sombra
        en la cara de la luna
                en las alas de un pavo real
                en un río inundado

Aguas silenciosas
        rápidas
                poderosas

el momento
        el "hoy"
                es sólo una gota
                        del sudor de soñar

¿de qué aguas eres?
        ¿aguas que fluyen demasiado rápido?
                ¿que cayeron del cielo
                        bañando la tierra en remordimiento?

o del sudor
        generado por tí y por mí

                en el eterno "ahora"
                    en que inhalo, exhalo
                          buscando tu humedad

El amor de doble filo

Entré tu jardín
        las palmeras
                el traqueteo de hojas secas

cortando las ramas
        mirando el colapso
                de todo lo que antes
                      yo consideraba la realidad

así es
        cocos entregados con su agua fría y pura
                y lo que corta la fruta
                      también la mata
                              en busca de su dulzura

Mundo perdido

Aquí estamos con la flor del cactus
        y sus tunas dulces
                como miel rosada
                      o el amanecer

encontramos un coyote
        y después en la sombra
                de un mezquite
                      sus siete cachorros

caminamos a la manantial del rancho
        la brisa huele a electricidad
                una tormenta en las montañas
                      estoy perdida en una historia
                              o de volcanes
                                  o de pirámides

cuando se desaparece el sol
        entran los buhos
                por las puertas oscuras
                      del mundo y la imaginación sin límite

a medianoche
        cuando estoy durmiendo
                en los laberintos de mis sueños
                      aparecen torbellinos del polvo seco
                              de los antepasados y las memorias

y de repente
        un grito cristalino de angustia
                garras agudas del conocimiento del futuro
                alas negras de la noche

las montañas
　　　nos han sepultado
　　　　　en la imposibilidad

Una canción que no reconozco

... pero suena familiar
    como la última vez

que sentí el calor de tu mano
    que ví tu sombra
        detrás de la luz de una vela
            brillando antes de perderse
                en cera fundida

en una taza de café
    la infinitud
        sabe a montañas
            y a playas donde nos sentamos
            pidiendo deseos
                en la puesta del sol

y otra vez suena la canción
    desconocida
        hasta ahora
            de café y puestas del sol
            y de la vida
                y el amor

Vida sin fin

La mosca vive por 4 días
        nuestro planeta tiene 4 billones de años
                nosotros, con 4 veintenas
                        y ningunos significan más
                                que un gran guiñon por el universo

¿Qué es un mundo
        sin comienzo
                sin fin?

                        Necesitamos la muerte
                              para valorar la vida

Una paradoja
        que me deja perpleja

¿Por qué podremos concebir el concepto de la eternidad
        si, en realidad no existe?
                y, si no hay evidencia de la eternidad de almas
                        por qué creamos todas las instituciones
                              que tiene como base fundamental
                                    la realidad de la infinitud
                                        y la eternidad?

y, en un mundo de cambios incesantes
        estamos aquí
                buscando estabilidad

                      o así nos decimos
                              mientras que sembramos
                                    destrucción

otra paradoja
      la resucitación
    una manera de mostrar esquivez a la muerte
          pero nos hace más conscientes de cómo siente la vida

       el rescate es posible el acto aún más codiciado
                  que la vida misma

Bésame y dime

Cuando supiste
      por primera vez
           que tu vida sería
                para siempre
                    cambiada

El momento antes de conocernos
el sol acababa de perderse
      en una nocha larga
          y arrepentida

y yo andaba
      en mi propio inframundo
           un laberinto de pasillos
                cada uno
                    o el destino
                        o su ausencia

conversamos del fin del mundo
      y el estado de mente
           cuando ya no es urgente
                preocuparse por la cuotidiana búsqueda
                    de pan y paz

entonces
      bésame y dime
           de la magia de tu piel
                y de mi vida despertada

Los tiempos del amor, no. 1

Me desperté cayendo en un sueño
      la muerte inesperada
            de toda mi expectativa

y cuando veía que las flores
      seguían produciendo
           arco iris tras arco iris

y que las gotas
      quedaban flotando en el aire
            atrapadas entre los cielos
                y un fin absoluto en la tierra

yo supe por qué
      lágrimas producen
            las cosechas más dulces

pero solamente
      en anticipación
      o por los recuerdos

y así estoy
      ahogada en agua salada
            lágrimas cristalinas

cuando te veo
      te escucho
            entre el remolino de pensamientos
                de diamantes líquidos

y el retorno de nuestra unión
    el glorioso, soleado día
            antes de la pérdida final

Los tiempos del amor, no. 2

Todos en la tormenta
      pensaron que el trueno fue un temblor
pero yo sabía que no—
      que fue simplemente el colapso
            de la arquitectura del amor ideal
Y no quería que el caos
      producido por el viento
           y los cambios de presión
                pasara
                    jamás
                        jamás
                            jamás
Salgo para bailar en el campo
      o en el estacionamiento
            mi paraguas en la mano
            mi tallo de metal
                saltando en los charquitos de agua
Estoy mojadita
      esperando la llegada de tu electricidad
            y así te presentas
              fuerte
              puro
                sin excusas
Me quemo
      a través de la memoria de tus manos
            me hago daño a mí misma
                en la tormenta
                    que me deja ahogada
mil pies debajo del límite del océano de tu filosofía de vida
      y así estoy

ojos abiertos, una Ofelia
    mi muerte
    infinitamente preferible
        a estar sana, seca, salva
            pero sola

Los tiempos del amor, no. 3

Te invito a volar
    volar conmigo
        hacia la luna llena
        hacia el sol eclipsado
            hacia un destino
                indefinible

te invito a volar
    porque nos consta ser
        como los gansos
        como los cisnes

una pareja

        deslumbrada por la vertiginosa peregrinación
            a tu lado
            a mi lado

            y si tenemos que caer
            que nos caigamos del aire de un sueño
                a las aguas turbias

                        del despertar

                              al amor

Los tiempos del amor, no. 4

Justo cuando pensé
    que por fin
        había llegado el fin del mundo
        después de años de incendios, sequías
            bosques de árboles quemados

                yo escuché
                los vientos y ángeles cantando
                  y tu voz
                  ronca con deseo

en las sombras

    y así es
        palomas de cenizas
        sacerdotes con sus regaños
            y sermones en el llano

esta noche yo ví
    cien murciélagos
        emanando de sus cuevas
        donde nació el primer sueño del fin de tiempo

            y el delirio mío
            que existe un destino

Reparaciones

Tus manos
      todavía pegajosas
           por tratar de adherir
                el harapiento presente

lo que recuerdas del pasado
      un "motor home" brillando y limpio
           una utopía portátil

antes de que llegaron
      el sol quemador
           y las tormentas angustiadoras

y las noches bajo la luna llena
      que desintegraron
           todo lo que habías pensado
                que fueron los límites de tu mundo
                    un mundo predecible
                    apacible

pero invitaste
      la turbulencia

           te tomé tus labios en los míos
               con el olor salado del infinito
               la marea llevándonos

               con tus manos
                    todavía pegajosas
                       del delirio de preservar
                       nuestros momentos

me tocaste
　　　　y yo incliné
　　　　　　　　para adherirme
　　　　　　　　　　　mejor

Sandalias

Estamos aquí
　　　totalmente sudados
　　　los días ya no nublados

Hace calor
y tenemos rencor
　　　al llevar trajes
　　　y hacer muchos viajes

　　　　　sería mejor
　　　　　　　hacernos un favor
　　　　　　　　　y que pongamos nuestras sandalias
　　　　　　　　　comamos sandías y helados
　　　　　　　　　y que generemos una linda risa
　　　　　　　　　　　que se lleva la brisa

Nadar en la playa de los muertos

entré en el territorio tuyo
y entré en el territorio
      de arrebatos y mareas poderosos
          magullándome
              como la sal o las lágrimas
                su estela de espuma y temores
                    perceptible aún ahora en la distancia

y así me encontraste -
mi piel se desprendía

      como si tuviéramos todo el futuro
      para estar juntos

como si el dulce dolor de novedad
sujetaría su caliente, tierna mano sobre la mía
      y mi cuerpo se suavizaría

y ahora el recuerdo de ese momento
      sigue siendo real
          como el agua que quedae atrás
          en una marisma
              algas y salmuera
              trozos de madera entrelazados
              conchas y ecos de lo que fuera pulpa adentro
                  más lisa, más dulce
                      con cada contemplación

mis sueños se vuelven gelatinosos y quiméricos
cada vez que recuerdo de aquellas mareas
      los arrebatos de agua salada
          el océano de posibilidades

cargado de arena

        y me erosionas mi consciencia
              y mis noches
           tan gelatinosas
                    del deseo
                    y de la soledad

La Telepatía

Esta noche puedo hablar

de tu voz
        banderas ondeando en la dulce brisa del sur
        agua fluyendo en las corrientes del río profundo
        fantasmas gimiendo en los antiguos templos
        aves de la noche cantando de la muerte
                y de las llamas inextinguibles en el centro del mundo

de los cielos
        la distancia entre los puntitos de luz
        espacios negativos entre las estrellas
                que forman la eternidad
                y el deseo

La memoria ya no me sirve
        excepto para susurrarme
                las palabras que dejas mudas
                          tácitas con anticipación

Pero el conocimiento del infinito, sí
y el viento que se levanta
        que sopla con repentina violencia

        mi corazón es una bestia no civilizada
                ya no me comunico con palabras
                ni aún con gestos

Soy una criatura que habita los espacios entre las estrellas

                mi mente vibra
                entre puntitos de luz

el color de sangre
        coagulada
                por el destino
                y la vida

La Música de la Marea

Cinco pasos más allá
de la peligrosa cortina de la mañana

en tu cuerpo se levanta
        un acorde
                un timbre
                      resonando
                  con la geometría
                      del sonido de la pureza
                            de la naturaleza

las olas del mar
        producen simetrías como de una canción
        el aire toma forma
                un tañido de campana
                metal sobre metal
                      esculpido por el amor

mis fibras vibran depor simpatía
        mis nervios
                mi espalda
                mis músculos

Cinco pasos desde la peligrosa cortina
        del atardecer
                te acompaño

Iguana en el arbol

Mascota exótica
o duendecillo vestido deen cuero verde

    Te identificas con lasu diferencia
        que no se integra muy bien
            en el mundo civilizado
          o la vida actual
          de tantas amenazas
              reales o imaginadadas

                    es más fácil, más sencillo
                      subir laos ramaos del azar

Sus ojos brillan
    con inteligencia
    o hambre
    o puro deseo de sobrevivir
        superando sus emociones
        con su corazón reptil

y ay, mi amor, qué cosas—
pensamos que yo fuera hembra y tú varón
y que vivamosviviéramos en casas, y no en labirintos de hojas y fe

    Ahora no estás seguro
    sólo sabes que la iguana
        no se domestica
            aunque cada mañana
            te saluda con un guiño de sus ojos
                y un baile
                desde los árboles de tu jardín

y en tus ojos veo
  los espejos
      de nuestros multiples seres

La filosofia arquitectonica: en el rancho

I.

Estoy mirando los pastos por tu ventana,
    y en mi cara, el sol
      tan fuerte y tierno
          me distorsiona la visión

         y el impacto de tu diseño
             empaña la imagen de los
                nopales
                agaves
                y el ganado tomando agua
                    en el bebedero

en la madrugada
    cuando el día se explota con su luz

me ahogo
    en la aroma de humo de leña
        de mezquite brotando

    y la textura de tu piel

complicada
    como el amanecer
                    y todos los nuevos comienzos

II

Cada mañana,
> cuando cantan las alondras
> vuelan los halcones

>> abres la ventana
>>> de tu recámara en el tércer piso
>>> con el dulce aroma del amanecer
>>>> tú arrojas las dudas

Vives aquí en un hemisferio del deseo
> la arquitectura de la casa del rancho
>> la síntesis perfecta
>>> el olor del pasto después de una lluvia
>>> el sonido de coyotes y cascabeles
cazando
>>> el picado de cholla y madera recién
cortada

y la luz del nuevo día
> entra a tu ventana
>> que construiste de un antiguo portón
>>> de una hacienda en el Camino Real

>> caballos y conquistadores
>> sombras de la historia

>>> como encaje
>>>> en el portal
>>>>> del porvenir

El olor de cempasuchitles

Si algunel color tiene una aroma
        tendrá que ser el naranjado
           el color de alegría y de los remordiamientos
              y sobre todo, del abandono

Te amé cuando la luna apareció en el horizonte
        dramáticao y silenciosao
        no como satélite
             sino un planeta enorme
                  Jupitero con sus propia capacidad
                      de atraer y sostener vida

Aquel día me mandaste noticias
        de un peregrinaje el Día de los Muertos
             al cementerio donde está enterrado Cantinflas
        y miré las imágenes con lágrimas en mis ojos
            los montones de flores, velas, fruta
                provocando látidos fuertes en los que le amaron
                    gritos y saludos apasionados
                        pero quietos, respetuosos
                      de huesos y recuerdos

        por primera vez
             me di cuenta de lo que significa
             el olor del color

y ahora, cuando pienso en ti
        cuando quiero compartir
        pero no puedo
              porque tú no estás

me llegan rasguitos de algo muy dulce
o más bien, inolvidable

   rosas
         o quizás
                cempasúchitles

El caballo muerto

Lo ví en camino a una playa desconocida
Un caballo, aparentemente atropellado
     por un viajero

    hinchado
        patas arriba
            con aspecto triste
                absurdo, grotesco

No pude verlo

De repente las plantas tuvieroan forma
    las palmeras sangraban
        las papayas sudaban
            los cocos perdieron sus cabezas

Las entrañas se deshacen primero
    o, puede ser la cabeza
        y lo que tratamos tanto de proteger

    Seguimos en camino.
    Horas después, volvimos

    y yo, con mi sangre
        demasiada fría

    me pregunté si ya hubicran reventado sus intestinos
    y sí que quería ver
        el gran espectáculo del hado de la vida
      parte por curiosidad
      parte por compartir en la gran indignidad
        que es morirse sólo

bajo el fuerte sol
sin los gritos de una corrida
sin la oreja entregada al vencedictor
sino deen una manera necia, sin sentido
y absolutamente normal
con sólo la curiosidad de los pasajeros en el camino
que saben
que algún día
te acompañarán

Canto del gallo condenado

Uuna parte himno
        otra un grito de triunfo

y sobre todo
        rebelde

yo participo en las oraciones suyas

        de perdón
                de castigo
                      de resignación

        una unión divina
        por dirigir nuestras voces arriba

                y te invito
                      a acompañarme

Mojitos en la playa

La yerba buena
  deja un sabor metálico

La arena mojada
  abradaescoria mis pies

Percibo
      el sonido de hielo
              derramándose
    que es decir
        no hay sonido cualquier

            porde noche
                el techo de ramas
                el letrero que anuncia COCO FRIO
                    pierden su desorden

    para dejarme con mi corazón
        nuevamente desordenado

            por el destino
              y el amor

La hamaca y la osa mayor

Me invitas a sentarme

    y lo hago
        debajo

            de un tapiz de estrellas
            y el sonido de tu voz

                llegando en olas
                como la brisa de los manglarles

La Osa Mayor
    el norte verdadero

        la piel del cielo
            está blanca

            y como la mía
                brilla por la noche

            y como la tuya
                se estremece cuando algo perturba su órbita

el olor del mar
se mezcla con la humedad de la selva verde

    las fibras de la soga de la hamaca
        nos abrazan
            y comenzamos a hablar
                de las cosas más profundas de las vidas nuestras

guiados por La Osa Mayor
       y un viaje al verdadero norte

      y a todo lo que sea
                   la verdad

Por la luz de las estrellas

      y por la luz
           de los cielos
           y tus palabras

                bailando
                con mi corazón

                        dando vuelctos

El rincon de los guayabitos

La playa
    manchada por el consumismo
        la invasión de los norteños
            la perversión de la naturaleza civilizada

        somos ya demasiado perfectos

      nos vemos en un postal
      que se vende en el hotel

El cielo está hoy clarito
    sin una sólo nube
        con ela sal y el alga
            mezclados como el destino

                tú eres
                      el sabor salado
                      el origen de lo que se destaca nuestro luga

                    y que
                            nos hace dioses
    así
        se ve por qué
            te amo tanto

La vida
    magullada por el deseo
        la imposibilidad de las circunstancias

            me hizo un adiós
            que me lastimaraé como polvo fino
                que se oscurece la verdad

qué suerte

        los pájaros del océano
        comen entrañas
            como la realidad

                y cómo estoy ahora
                    inhalando el olor salado
                del océano
                      y tu amor

Desde el techo

I.

En tu techo
    recibes la mejor señal

      te sientas allí,
          reclinándote
              mirando

los billones y billones de estrellas
      bailando como chispas
           saliendo de las puntas de tus dedos

Qué magia que diriges
      desde esta casa de adobe
           que tú diseñaste, ubicada

    en la parte más interior

        del paraíso
             de tu imaginación

II.

En una noche como ésta
    sin nubes
        al fondo del invierno
            de nuestras almas
                agobiadas por el estrépito de la ciudad

Aquí los susurros del viento

            nos hablan del infinito

                    y cuando los búhos
                            cantan de sus nidos solitarios
                        la profundidad de la noche
                                se nos acerca
                                con su promesa de la vida
                                    y la muerte

y desde el techo
        bajo la alfombra de una infinitud de estrellas

nos dan cuenta de que la vida existe ahora
                y sólo ahora

                        como el calor de nuestros dos cuerpos
                                y el ritmo de nuestros dos corazones

                                debajo del cielo
                                encima del techo

                                    donde se recibe
                                        la mejor señal

La llovisna

Pierdo mi oxígeno
      y mis palabras
           la llovisna fría me envuelve
                en un silencio gris

Tú no estás
      Yo no estoy
           son estados de vivir
           es decir,
                vivir pero no dirigir
                      nuestros propios pasos
                          a nuestro divino porvenir

los vehículos siguen
en caminos mojados
           por la inevitabilidad

los peatones siguen
en aceras mal construidas
           por lo efímero es un gran sueño

por la ventana miro los espacios que compartimos
        donde caminábamos
        donde nos reíamos

y me acuerdo de la pequeña cocina
        donde tocamos música romántica de los 80 y 90
        me abrazaste y bailamos hasta que la luna llena
            nos inundó de su dulces licores de luz

y espero
      salir de este mundo mojado y gris

llenar mis pulmones con oxígeno
      sentir tu aliento en mi cuello

    hasta que
        la llovisna fría
            sea un llanto caliente
      de alivio

        y de vida

El partido

Jugando al tenis contigo
      vivo la vida por la velocidad de la raqueta
      acelerando al impacto

            las cuerdas de la raqueta suenan
            como un chasquido de tus dedos

            todo para hacer girar
                mi corazón
                    mi propio ser

La preparación es todo, dijo el entrenador

Nos encontramos en la red
      rodillas dobladas y pies paralelos, listos
      cada voleo posiblemente el último
         o más bien el primero

      en un largo proceso de aprender
        cómo vivir la vida
            y cómo amar

      escucho la pelota en tu raqueta
        el latido más dulce
           del mundo

    la preparación es todo

La fortaleza

Tengo miedo
    del ser adentro de mí
    inquieto, insistente

        que llega jadeante a la cima
        que corre y corre sin parar
        que entra la batalla

            luchando todo
                para sentir tu mano
                cuando agarra la mía

Cuando tú no estás
y el eco de tu voz
    rebota en mi cabeza
        reaparece en mis pensamientos
        hasta que apunte el alba

Y respiro otra vez
    lágrimas secas en mi cara
        labios rojados
            ojos despojados

buscando los senderos otra vez
    a pesar de ríos turbulentos
        avalanchas de piedras
        acantilados agudos

        para correr hacia la cima
            entrar en la batalla
                donde estarás tú
                      para luchar a tu lado

y calmar a mi insistente ser
por hablar, tú y yo

    del mundo de fé
        y de fortalezas

Inhalaciones, o, la capacidad negativa

La ambigüedad de la mirada
        el susurro de la brisa nocturna
                la memoria de un apretón cálido

eso es el espacio oscuro y peligroso
        el silencio entre las palabras
                y es posible que importe
                        más que las palabras mismas

la araña
        tan orgullosa de su tejido
        toma su tiempo
                caminando en la seda de su propia invención
                temblando ante la posibilidad de caerse
                      en el gran infinito donde no se ve
                      no se puede medir
                          el dónde
                          el cómo
                          el por qué

y aquí estamos
        caminando en las redes frágiles de sueños
                su negrura indescriptible
                su aliento que contiene las palabras todavía no nacidas
                sus hilos aportando el peso inmedible

                          el amor

La bandera

La bandera del país de los viajeros de El Tiempo
        ahora de harapos
                ayer de diamantes
                        mañana de un arco iris

El tiempo
        la hora y la dimensión del porvenir

la bandera de la nación de viajeros del tiempo
        se trata del tiempo en nuestras mentes
                siempre múltiple
                      no sólo el pasado
                      sino también el futuro, el presente,
                            y la intercalada textura de la experiencia

                      el futuro inventado
                      el pasado idealizado

Te extraño
        ya antes de desaparecerte entre los harapos y diamantes
                la nostalgia
                      aún más aguda por darse cuenta
                      que viene en olas
                      en cada una de las dimensiones del tiempo

Te veo
        en cada imagen en mi mente
        del camino de la vida
                que experimentamos juntos

   y por ti
          sigo izando la bandera
                 sus harapos y diamantes
                        cortando el sol
                              con chispas y sombras

Telaraña de cristal

Nunca sabía cuál de los hilos que debo seguir
      de la telaraña de la esperanza

    una construcción
    un narrato
    una historia de un amor

        éste está liso
            éste pegajoso
                y éste toca todos los otros

La telaraña cuidadosamente tejida
      y después detejida,   y la red
        en la brisa
        como una bandera
        de un país de viajeros de tiempo
tejer, detejer, y tejer otra vez
      sólo para empezar de nuevo

Reviviendo aquella mirada tuya
      una luz negra, brillante
      como el espacio entre los hilos
          donde comienza con una palabra
          o sea, un deseo

          tocar, amar, soñar, y
            enredarme
                en la eternidad

Las malezas

Las malezas de mi jardín
        entre los rosales caóticos
      y las flores civiladas
              son hierbas insistentes y trepadoras
                    mirada puesta al sol

las cosas que pensamos que sabemos
        no sabemos
             la realidad ya no es real
                tú me tocaste
                      tu historia y tu sudor

Bajo las estrellas imposibles
        las nubes aglutinadas por el deseo
            un sendero de la esperanza
                la luz de días y noches

****

no quiero perderte
        o perder

En la hora del hechizo

Los duendes
      los dioses
           que viven adentro
                de los árboles
                      con sus enigmáticos brazos
                          sus cuerpos tan fuertes
                              donde corre el
dulce líquido de vida

Yo soy la hija de la hija de la hija
      cien veces o mas en el pasado
            de las princesas del bosque primordial
                vestidas de flores, lino, y cuero
                      bailando bajo la gran perla
                          colgando del infinito

      y en esta noche
      que gran instrumento que es mi cuerpo
            ramas, hojas, brazos
            bailando en la brisa
      ah sí, yo también tengo el duende
      cada vez que respiramos juntos
            y las nubes pasan como la primera seda
                tejida de la memoria de nuestro primer
encuentro

un relámpago
      una varita mágica
            y el hechizo del bosque
                sin caminos
                      donde seguimos bailando

Cinco

Mi demonio
      su aliento demasiado íntimo
           en mi cuello
             en mis vientres
                 en el porvenir de mi niñez

Me obliga nadar
      en estanques que hierven
         de asfalto y vapor
             un arco iris en los cristales
                 de la madrugada

Me insiste abandonar
      los senderos de certitud
          los caminos quietos sin conflicto interior

                para dedicar todo mi ser
                   a las mareas del destino
                      a las aguas saladas
                         de los mundos
adentros de la madre

                        y en el turbulento
llanto
                        de la
última lluvia

    dormí contigo

    mi cabeza en tu pecho

el son

el baile

el latido

                                                                            y el demonio mío
                                                                                   echando
su mirada hambrienta

                                                                                        a tu alma

El jardin a medianoche

Son imanes negros
        tus ojos
                tus palabras
                        las huellas en mi corazón
                                dónde guardo las memorias
nuestras

El carbón de un fuego a lo lejos
        la sombra de una noche sin dormir
                un espacio entre pétalos de un rosal
                        dónde las espinas pulsan con sangre

        estoy enamorada
                del sueño oscuro
                          poseido por el olvido
                                    la fecunda negrura

        y del momento en que quedo ciega
                por los destellos demasiado brillantes
                      del conocimiento
                          del mapa de pisadas
                                mi piel magullada
                                      por estar al borde
                                      del eterno

amanecer

La carrera de chihuahuas

Temblando en el comienzo del comienzo
    de una vida vivida al borde
        de un gran salto
            al futuro
                al destino
                  a la línea de meta

    desnudos
        la piel visible bajo el pelo
            manchada
                magullada
                    por sueños
                    por deseos
                        pero con una
                        textura como una flor

Y yo, con todos los otros perros
    pálidos
        escuálidos

        sus ojos llenos de lágrimas

no dice nadie
    qué absurdo tener una carrera de chihuahuas
    y no comenta nadie
        en la lluvia de cempasúchitles

            miro el sol
            la puesta ardiente del sol
                y las figuras tan fornidas
                      lisamente esculpidas

el cielo nuevo
asimismo la tierra

        al momento de escuchar
        el disparo de salida

Mis escombros

La entrada de coches
      ya desmenuzada por el descuido
          y la indiferencia
              o quizás la renuncia

              de un pavimento liso

Vamos a pintar las grietas
      vamos a vendar los tobillos torcidos en la caminata
      del vehículo (tu cuerpo)
          al portón (mis sueños)

Pero el acto no cambia nada
La entrada de coches es de grava

      Porque prefiero ser quebrada
          machucada
          caminando encima de una ventana rota
              sus esquirlas
              mis ilusiones
                      es decir
                            la entrada
                            de ti

Caminando por el río

Aquí estoy, contemplando el tema
El momento de perderme en un dilema
Manejar la ansiedad de la ruptura
O buscar de nuevo tu ternura

La ruptura, la separación, el olvido
La necesidad, la vida: el miedo perdido
Y los recuerdos, los primeros pasos
Los colores que forman los lindos lazos

Ven conmigo a los astros
Mira el esplendor y sus rastros
Los encuentros que cambian la vida
Con las chispas que pasan en seguida

¿Quién eres? ¿Cómo me has cambiado?
Agradezco el camino desviado
Los momentos inolvidables de placer
Al aprender la manera óptima de ser

Amado Nervo

En el gran espejo del río
Veo la imagen que Dios nos dio
Para entender la realidad
Para proporcionar seguridad

Soy para siempre invisible
Un ser del sueño imposible
Y esta noche, con una brisa tan cálida
Mi cara sigue siendo pálida

Como si ya se hubiera ido
Todo de lo que hubiera sido
Un paraíso de incomparable encanto
Antes de la muerte, el último quebranto

EXPERIMENTOS EN PROSA

Un desorden esplendido

Vivir la vida. Las inversiones de la luz no son tan simples como la oscuridad pura. No. Son como las perlas. Crecen poco a poco por añadir capas. Y así ponemos capa sobre capa de magia. Y luego cantamos. Los perros aúllan, ladran a la luna, y ésta es la forma narrativa que se desarrolla. No tiene sentido tratar de tener sentido. Rebota de un arrecife de coral a otro, y de un tema a otro. El sol siempre me parece demasiado peligroso. Bajo la luna, hasta el barro y el fango brillan como el deseo. Y así continúa.

BEAUTIFUL SQUALOR

Live life. Inversions of light are not as simple as pure darkness. No. Like pearls. Accrete the night. Layer upon layer of magic. And then we sing. The dogs howl, you bark at the moon, and this is the way narrative unfolds. No sense in making sense. Bounce from reef to reef, topic to topic. The sun always strikes me as altogether too dangerous. In the moonlight, even the mud and muck glow like desire. And so it goes.

En los arboles

Las iguanas se fueron esta vez. Algo o alguien ya habá comido todos. Por lo menos, es lo que nos dijiste. Pensé que era simplemente una cuestión de mangos. Estábamos fuera de temporada. Pero siempre es así, ¿no es cierto? La fuerza es una metáfora si lo que estás tratando de decir es inefable. Ni modo. Dime. ¿Eres el mango o la iguana? Ambos son devorados eventualmente, o, a veces son simplemente como seres humanos cuando tienen miedo de saltar, bailar, nadar, brincar en las olas. Lo que debemos evitar: caernos a la tierra, quedarse sin movernos, y gasternos poco a poco por el proceso lento de pudrirnos. Oh, sí, qué paradoja—ahora estoy llena de alegría.

IN THE TREES

The iguanas were gone this time. They had all been eaten. Or so you said. I thought it was simply a matter of mangoes. We were out of season. But it's always that way, isn't it? Force a metaphor if what you are trying to say is ineffable. So how is it? Are you the mango or the iguana? Both are eaten in their time, or sometimes they're simply like human beings afraid to skip, dance, and swim the surf. Fall to earth, lie there, and slowly rot away. Oh yes, and now I'm bursting with joy.

Y si, estoy hablando de ti

Contracorrientes. La marea que viene adentro. Nadando para alejarse de las olas. Y luego, qué susto, no podía ver la orilla. De repente, no tenía la menor idea a dónde nadar. Además, que yo había comido empanadas de marlín y un filete de dorado. Los pescadores son pescadores de azar y el maná espiritual que puedan llamar "n buen día". A veces tomo riesgos, pero después de un análisis exhaustivo y por eso yo descarto "el azar" y atribuyo todas las cosas bellas de la vida con "mi método." Pero ¿cómo explico mi situación actual "a la deriva"? Las olas del océano son infinitas y no dejan huellas, como mis sueños. Estoy agradecida. Y estoy deliciosamente perdida. En ti.

I'M TALKING ABOUT YOU, YOU KNOW

Riptides. The tide coming in. Swimming out to get away from the surf. And then, good grief, I could not see the shore. I had absolutely no idea where to swim. And, I had just eaten empanadas de marlín *and* un filet de dorado. *The fishermen are fishers of random chance and spiritual manna they can call "a good day." I'm a risk-taker, and so I discount "random chance" and attribute all the beautiful things in life to "my method." So how do I account for this "a la deriva" situation I'm in now? The ocean swells are infinite and trackless, like my dreams. I'm grateful. And I'm deliciously lost. In you.*

Mi mejor amigo

Las cortinas se cerraron lentamente a medida que escribimos febrilmente los algoritmos de la vida. Enfócate en tus pulmones. *Ars longa, vita breve.* Inhala, exhala. No mires hacia atrás. La parálisis nos afecta si no tenemos callos. Estoy tratando de hacer una cosa buena, dices. Lo sé, lo digo. Y por eso, somos mejores amigos. No se trata del éxito como anteriormente habíamos concebido; se trata de la previsibilidad del sol y la seguridad de que el hielo se derretirá con el tiempo. La paciencia fluye como un río profundo y oscuro. Nado por el fondo de ese río por la noche. Por el día floto en el agua, mi cara y mi pecho hacia el cielo y suelo contar las aves que vuelan en sus peregrinaciones programados. El destino. Tú sabes cómo es. Un día todo se va a desaparecer. Por eso, abro mi corazón. Puede causarme dolor hacerlo, pero somos vivos y nos queremos. Y al menos sé que la grava todavía cruje bajo mis pies.

MY BEST FRIEND

The curtains slowly closed as we feverishly wrote the algorithms of life. Lungs. Ars longa, vita breve. Breathe in. Breathe out. Don't look back. Paralysis comes to those who have no calluses. I'm trying, you say. I know, I say. And that's what makes us best friends. It's not about whether it works or not, it's about the predictability of the sun and the assurance that ice will eventually melt. Patience streams through me like a deep, dark river. I swim along the bottom at night. By day I float on my back and count birds flying across the sky. You know how it is. One day it will all go away. So I open my heart. It may hurt, but at least I know the gravel still crunches under my feet.

Me llamaste, te conteste

La lluvia cayó con cuchillos de hielo. Pero las rosas en los arbustos se negaron a caer. Pero todas las hojas de los árboles se juntaron con el viento para anunciar el fin de la razón. Nunca he entendido el comportamiento de rosas. Y luego la puesta del sol se presentó con una matiz del fucsia lo más imaginable. Trato de perderme en el cielo, y desatarme de las obligaciones del pensamiento racional, pero no tengo éxito. La taxonomía de del significado de las palabras no me permite entrar en un estado de abandono absoluto. Es lo que me atrapa. No puedo escaparme de la narrativa que impone un órden artificial (sino clásico): con principio, medio y fin. Te invite a comenzar por el fin esta vez. Sinfín, quiero decir.

YOU CALLED, I ANSWERED

It rained knives of ice. The pink petals refused to fall. The leaves, however, did. The hooked up with the wind to announce the death of reason. I've never understood roses. And then the sunset was the most unearthly shade of fuschia I've ever seen. I try to lose myself in the sky, and release myself from thought, but I fail every time. The taxonomy of meaning-creation never did allow for absolute abandon. It's what traps me now. I can't escape the narrative that pulls everything into beginning, middle, end. But let's start with the end this time. Endlessness, I mean.

Entrando tu sombra

La oscuridad me sorprendió. Fue mojada. Con mucho viento. Nubes flotando inmediatamente bajo el techo pintado el color de "amenaza insistente." Te encontré de nuevo después de haber sido separados por demasiado tiempo y me caí directamente en el tono negro del deseo infinito (y tu esplendida mirada que me observa sin parpadear). Mi explicación fue un mosaico. Tu beso fue un azulejo quebrado. Cinco grados de frío, del cambio total de rumbo. Nuestro lazo era más fuerte que nunca. Cinco zopilotes encaramados en postes de la cerca, y diez en los árboles. Nos miramos en la luz de la luna. Con la punta de mi dedo tracé palabras en tu espalda, tu abdomen. El sueño era espeluznante esa noche.

WALKING INTO YOUR SHADOW

The darkness took me by surprise. Wet. Windy. Clouds hovering just under the ceiling painted "insistent menace." I met you again after being apart and I fell right into the pitch black of infinite need (and your beautiful, unblinking gaze). My explanation was a mosaic. Your kiss was broken tile. Five degrees of chill, of utter change of direction. Our bond was stronger than ever. Five zopilotes perched on fence posts, and ten in trees. Moonlight. With the tip of my finger I traced words on your back, your belly. Sleep was dreadful that night.

Infusion de canela

Alegría legítima. Empuja palabras en remolinos policromáticos: aceite y charcos y pausas en nuestra rutina diaria. El cambio era dulce, pero yo temía que de todos modos. La carretera fue parcialmente arrasada. Los coches que pasan me salpicaron de lodo e indignación. No sé si es más difícil o más fácil ser grandioso en una tormenta; Creo que depende de qué tipo. El tipo monzón tropical o en una banda exterior de un huracán se funden los bordes de la certeza. Los truenos de un aguacero después de una sequía interminable me parecen mesiánicos. La canela es un intensificador de dulzura. Llevaré conmigo la canela la próxima vez que tengo que enfrentar la adversidad.

CINNAMON INFUSION

Legitimate joy. Push words into polychromatic swirls: oil and puddles and pauses in our daily routine. Change was sweet, but I feared it anyway. The road was partially washed away. The passing cars splashed me with mud and indignation. I do not know if it's harder or easier to be grandiose in a rainstorm; I think it depends on what kind. The tropical monsoon type or in an outer band of a hurricane melt the edges of certainty. The thunderclaps of a drought-ending downpour strike me as messianic. Cinnamon is an intensifier of sweetness. I'll carry it with me the next time I need to face adversity.

Un taj mahal construido de cubos de azucar

La cultura del consumo engendra el odio a sí mismo. Re-invención a través del consumo significa que se puede reinventarse por el consumo bien programado. Pero, es una promesa falsa. En realidad, la reconstrucción de la identidad no funciona así. Si tratamos de reinventarnos por más y más y más compras, estamos atrapados en un ciclo interminable. Nos convencemos que el talento, el empeño, la determinación y los dones innatos no son suficientes. Reinventar por el consumismo frenético es como ser adicto a la cirugía plástica. Tenemos que mutilarnos hasta que captemos la atención fugaz (dólares) del público, porque el público desea la sensacional y lo sórdido. Prefiero reinventarme por caminar contigo descalzos en la playa, y sentir la arena y el agua y la electricidad del universo juntos.

A TAJ MAHAL CONSTRUCTED OF SUGAR CUBES

Consumer culture engenders self-hatred. Re-invention via consumption means you can be whatever you aspire to be. But, that's the false promise. It doesn't really work that way. It means you're caught in endless striving. You're never enough, and once you've established perfection, now you have to do it again. Talent is not enough. It's like being addicted to plastic surgery. You have to mutilate yourself to whatever degree necessary to capture the fleeting attention (dollars) of the public, which desires the sensational and the sordid. I'd rather reinvent myself by strolling with you on the beach, feeling the sand, the water, the music of the spheres, the universal vital charge. Together.

Charros magicos

Estoy mirando los charros correteando becerros en las Finales Nacionales de Rodeo. Trabajan en contra del reloj. Grandes reflejos y la capacidad de priorizar le asegurarán un sentido de la autoestima y la sagacidad. Ya no estás buscando el arco iris. Ah, que suena como buen título para una canción popular. El fenómeno aparecerá de repente, dando candela a nuestros sueños. Si el fenómeno es inflamable, quiero creer. Ay, qué bonito que sería agarrarnos por las manitas en una habitación iluminada por una hilera de velas. Pero regresamos al evento, y los becerros. El charro principal en el los eventos del "día de santo patrón" sigue un guión histórico, aunque sea incomodo verlo. Estoy perdida si decido mirar y no pensar en lo simbólico. Y así continúa. La vela simboliza, entre muchas posibilidades, el lapso de una vida. Nos encantan los anacronismos del honor, y las fronteras nuevas. Piel, pelo, sudor, cascos, charros sacudidos, tus sombreros de Panamá, tus gafas del sol, tu estilo innato. Te quiero más que nunca .

ROPERS

I'm watching calf-roping at National Finals Rodeo. It's about the fastest time. Great reflexes and an ability to prioritize will assure you a solid sense of self worth. You're not chasing rainbows. But, that's a hit pop tune waiting to be born. The phenomenon will burst into existence if it's at all worthwhile. If it's flammable, I'm likely to believe, but only because I think how nice it would be to hold your hand in a room illuminated by a row of candles. Now we're back at the calf-roping. The cowboy saunters out and follows the script to the letter. It could be a medieval morality play, and equally hard to watch. It's hopeless if I refuse to introspect. So it goes. The candle symbolizes, among numerous other interpretive possibilities, the span of a single life. We're riveted by anachronisms of honor, and pushing boundaries. Skin, fur, sweat, hooves, cowboys flying through the air, Panama hats, sunglasses, your innate sense of style. I love you more than ever.

Compostela

El sol del mediodía se regañaba con puñetazos a los turistas norteamericanos que sacaron fotos de chicos alegres jugando en la fuente.

****

Compramos una bolsa de los botones gordos y amarillos que, por su piel lisa y delicada no dieron ningunas indicaciones de la fuerte emética que realmente eran.

****

Llegamos otra vez al Tepic donde la estatua del ángel de una sola ala y un hueco en su metálica espalda o nos guardió o nos mofó por la manera en que nos imaginamos que transcurrimos Nayarit, dándonos cuenta horas después que nos faltó ésta o esa cosa: una carpeta allí, una batería allá, unas botellas de agua, y que volamos también como ángeles de una sola ala—en círculos.

*****

La turista rubia, imitando lo que pensaba estar viendo, dejó caer de la ventana abierta de la camioneta una guayaba no madura. ¿Falta de educación? Desde su óptica, estaba proveyendo alimentación a los perros flacos que seguramente saltarían de alegría de ver un almuerzo conseguido tan facilmente.

Su compañero, un abogado destacado, respondió con sorpresa y desaprobación: ¿Qué haces? Al que ella responde – "pero es biodegradable, ¿verdad?" De repente se sentía mucha pena, mucha vergüenza. Y pensó en todas la maneras de percibir mal y atribuir causa y efecto dónde no existe.

Susan Smith Nash

Susan Smith Nash estudió teorías de traducción y la poesía de Sor Juana Inés de la Cruz cuando estaba escribiendo su tésis de maestría en la Universidad de Oklahoma (EE.UU.). Después, viajó a Bolivia dondeestudió la literatura boliviana social y costumbrista como *Socavones de angustia* (Fernando Ramírez Velarde) y *La niña de sus ojos* (Antonio Diaz Villamil). Después de graduarse con su doctorado, Susan trabajaba con escritoras paraguayas y tradujo sus obras que aparecen en una antología bilingüe de literatura femenina paraguaya.

www.ingramcontent.com/pod-product-compliance
Lightning Source LLC
LaVergne TN
LVHW041336080426
835512LV00006B/485